目次

はじめに　土崎空襲を次世代へ　6

能代生まれ能代育ち

家族と離れ一人育つ　10
はらわた震えた轟音　13
能代大火で家が全焼　16
救助物資燃やして涙　19
母が奮闘、一家支える　22
強豪校で野球に夢中　25
兄が愛した風の松原　28
甲子園目指し猛練習　31
準硬式野球で国体へ　33

妻・津紀子との出会い、「土崎空襲」との出会い

労組の執行部に参加　38
共働き支えた保育園　41
真っ赤な空が見えた　44
家は木っ端みじんに　47
建物も人も凄惨な姿　50
小さな体、破片が貫く　53
後悔胸に供養続ける　56
戦後三十年で追悼式典　59

土崎が「地元」に

銀行から病院へ転職　64
同居で子育てが一変　67

除雪要員で往診同伴　70
慰霊碑に思いを託す　73
土崎の診療所に赴任　76
「生身の言葉」集める　79
四十五歳で思わぬ社長に　81

「市民会議」の火を灯し続ける
事務局三人でつなぐ　86
民間被害者に救済を　89
震災機に戦死者思う　91
唯一の戦争遺構解体　94
子どもの笑顔が薬に　96
市民会議の支柱失う　99

語り伝えるために
五代目の会長に就任　104
空襲を音楽で伝える　107
『なれのはて』に感謝　110
感無量の多喜二祭賞　112
曳山まつりで委員長　115
語りや遺品から教訓　118
米軍資料で詳細判明　121
手を携えて活動継承　123

おわりに　126

本書は令和七（二〇二四）年八月二日から九月十一日にかけて秋田魁新報に掲載された記事を編集・加筆したものです。人物の肩書きや年齢は掲載当時のままです。

妻と語り伝える「日本最後の土崎空襲」

はじめに　土崎空襲を次世代へ

最近うれしいことがいろいろあったんですよ。土崎空襲について教えてほしいという若い人との出会いが増えてね。その一人が加藤シゲアキさん（アイドルグループ「NEWS」のメンバーで作家）。小説に空襲のことを入れたいと、昨年うちにやってきたんです。空襲を体験している妻の津紀子の話をじっくり聞いてくれました。

それから秋田公立美術大付属高等学院の生徒さんたち十人が訪ねてきてくれた。平和をテーマにしたポスターを展覧会に出すため、戦争のことをもっと身近に感じたいと思ったんだそうです。作品を見せてもらったけど、それぞれ訴えるものがありました。

加藤さんの小説「なれのはて」はとても好評だと聞いてうれしかった。高等学院の生徒さんも賞をもらったとか。私たちの思いを受け継いでもらったと感じたよ。戦争を知る世代は少なくなってくるが、小説やポスターはこの先もずっと残るからね。

私は能代市の生まれで、土崎空襲は体験していません。でも秋田市土崎港で生まれた津紀子と一緒になってから空襲の実態を知り、これは伝えなければならないことだと強く思いました。昭和二十（一九四五）年八月十四日の空襲で、妻の家族は避難して無事だったが、近所の人がたくさん亡くなった。ほんのちょっとのことが生死を分けているんだよ。亡くなった人はさぞ無念だったろう。だから妻には語ってくれって言っています。それが生きている者の務めだって。

私もこの二十年は土崎港被爆市民会議に専従して走り回ってきました。今年は結成から五十年。そして戦後八十年。節目の年に向け、これまでの歩みを振り返り、まとめさせてもらいました。お読みいただけたら幸いです。

土崎空襲を伝える秋田市土崎みなと歴史伝承館で

能代生まれ能代育ち

家族と離れ一人育つ

能代市の幸町《さいまち》、今の万町《あらまち》で、昭和十五（一九四〇）年に生まれました。この年は「紀元二六〇〇年」で、名前に「紀」が入っている人が多いんですよ。同い年の妻も津紀子で紀が入っています。

〈十五年は神話に基づいて定めた日本の建国年から二千六百年の節目に当たることから、国を挙げて祝賀行事が行われた〉

きょうだいは五人。一番上の兄は忠義の忠の忠夫、長女が千代に八千代にの八千代、次兄が光るに軍と書く輝夫、弟が出征の征と書いて征夫。そして紀久夫でしょ。あのころの時代を映している感じだね。

父は山崎喜久治といいます。伊藤家の婿養子でね。実家は今の八峰町《はっぽうちょう》の畑谷で大きな農家だったようです。学がある人で、中央大学を出たと聞きました。地元に帰ってから会社勤めしていたそうですが、病気が重くなって辞めたようです。結核だったんだな。

早くに亡くなったこともあって、あまりおやじさんの思い出がないんです。病気が理由だと思うけど、近づいちゃいけないと言われていたからかもしれない。おとなしいというか、物静かな人だったなあ。

おふくろの名前は伊藤キミ。能代市の向能代《むかいのしろ》にあった実家は結構大きく商売をやっていました。船も持っていたしね。長女だったから大事に育てられた。能代高等女学校（現能代松陽高）の一期生で、文学少女だったそうです。私もよく「本読めよ」と言われたな。

祖父は長女に婿養子を迎えて、繁華街にある幸町に店を持たせました。分家のような感じだったのかな。戦前は、実家と同じく荒物雑貨を扱っていました。割と繁盛していたようです。

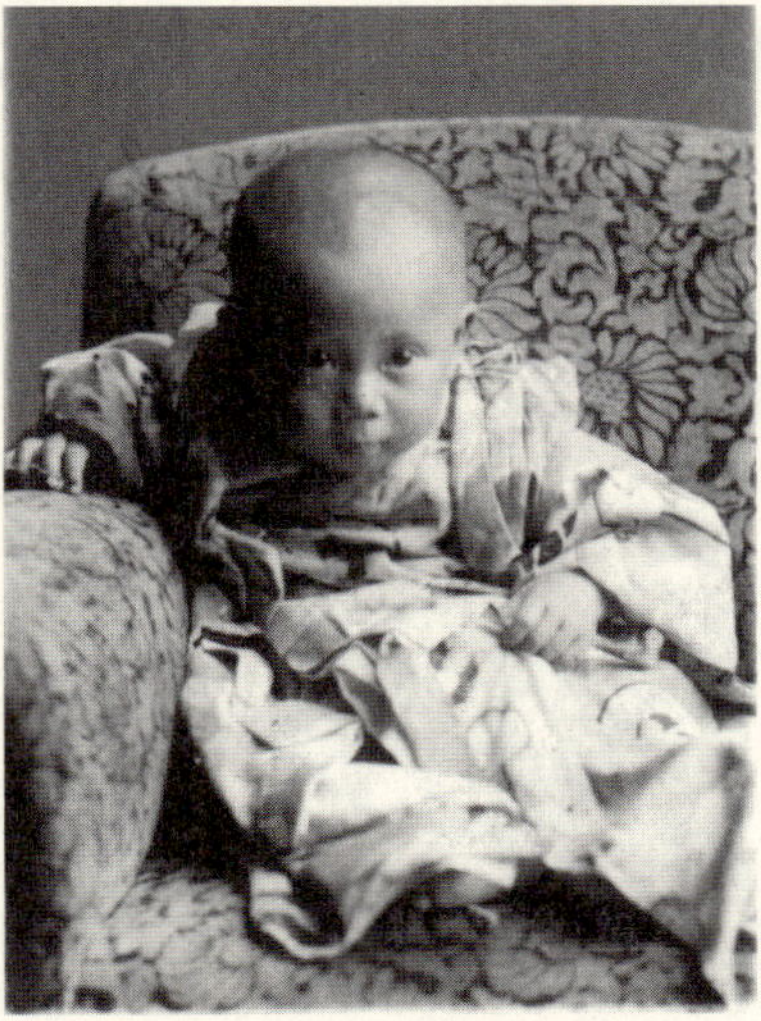

1歳のころ。5人きょうだいの4番目に生まれた

私は物心つく前に両親ときょうだいと別れて、おふくろの実家に預けられていました。実家の養子にするつもりだったのかなあ。結局そうはならなかったけど。祖父母には大事にされましたが、「寂しね」って思いがいつもありました。

はらわた震えた轟音《ごうおん》

戦時中、私は能代市向能代の祖父母が住む母の実家に預けられていました。両親やほかのきょうだいたちは、今の八峰町の畑谷にあった父の実家に疎開していたらしいです。

当時のことで覚えているのはやっぱり終戦の前日に起きた土崎空襲です。昭和二十(一九四五)年八月十四日のあの夜は、祖父母の家の防空壕《ごう》にいました。祖父は手広く商売していて、近所の人が入れるぐらい立派な防空壕だったんですよ。

ところが大人たちが続々と外に出ていくので、私も防空壕から出てみたんです。まず感じたのは上空から聞こえる得体が知れない音。はらわたが震えるほど、空気を振動させながら降り注ぐ気味の悪い音なんだ。轟音って言葉があるけど、まさしくそういう音でした。あれがB29の音だったんだね。

大人たちが南の方を見て「秋田がやられている」と言っていた。見ると、男鹿の寒風山がシルエットみたいに浮かんで、その左手が真っ赤になっていた。日が沈む時のような地平線みたいで、ただきれいだなって思ったな。あの時はまだ五歳で、何が起きているのか分かっていなかったんですよ。

土崎を襲ったB29は百三十四機。グアム島の基地を出発した爆撃隊は数時間後、南西から土崎の上空に入り、北東に抜けながら次々と爆弾を落としていった。あの轟音はB29が秋田の上空を通っていった時の音だったんだな。

米軍の目的は日石（旧日本石油秋田製油所）の施設を破壊することだった。けれども、そこから約一・八キロ離れた妻の津紀子の家にも爆弾が落とされました。私が能代から空襲を受けている光景をただ見ていた

グアム島の基地から日本本土の空爆に向かう米軍戦略爆撃機Ｂ 29の編隊＝昭和 20 年２月（共同通信提供）

時、津紀子の一家が地獄のような場所から逃げるため必死になっていたことは知る由もなかった。

翌日の終戦のことは覚えていません。そして戦後の生活に入りました。

能代大火で家が全焼

両親ときょうだいと一緒に住むようになったのは戦後のことです。両親は、母方の祖父が持たせてくれた店で商売をしていました。今の能代市万町で、荒物雑貨とかいろいろやっていたようだな。

両親の元に移った時期によるのか、幼稚園には途中で入った記憶があります。なのに中退したんだよ。あるグループのボスみたいな子と対立してやり合ってね。負けん気が強くて、数を頼むってことはしない子どもだったんだな。

昭和二十二（一九四七）年に、渟城第二小学校（現渟城西小）に入ってからも一人でいることが多かった。遊び場は米代川。能代は木材で栄えた町で、当時は上流で切り出した丸太をいかだに組んで流して、河口の製材所の岸で係留していたんですよ。それからインクラインっていう装置で陸に揚げて、乾燥のために積み上げておく。川に浮いている丸太の上に乗ったり、積み上げた山に上ったりして遊んだなあ。見ていた大人に「危ね！」って怒られたけど、毎日のように行って、石投げしたり、上流にも行ってみたり。米代川が唯一の友達だったな。

それが二十四年の能代大火で、遊んでいた場所がほとんど焼けてしまった。能代は海風がよく通るけど、その時も町の外れから出火したのが燃え広がっていったんだ。家は町中にあったので、最初は遠くで燃えているのを見ていたんです。ところがどんどん近づいてくるもんだから結局逃げないといけなくなった。米代川を挟んで反対側の向能代は安全だというので、そこにある祖父母の家に逃げました。

対岸から自分の家がある場所が焼けていく

渟城第二小３年の時の学級写真（最後列左から２人目）

のをただ見ていました。次の日、家に戻ると辺り一面焼け野原で、あの時のにおいはいまだに覚えています。

〈能代大火は、昭和二十四（一九四九）年二月二十日未明、現在の浜通町で出火。強い西風の影響で市東部に広がり、二千二百三十八棟が焼失、死者三人など大きな被害を出した。〉

救助物資燃やして涙

昭和二十四（一九四九）年の能代大火で能代市万町にあった自宅は全焼しましたが、蔵は焼け残りました。大きくて、頑丈な土蔵でね。当面はそこで暮らすことになりました。

蔵を開けるために、被害がなかった向能代から祖父がやってきました。火事で蔵の内部の空気が熱くなっているから、慎重に開けないと酸素が一気に入って発火する恐れがあるんだそうだ。中は無事でした。町内で燃えずに残ったのは数軒だったから、被災した隣近所の人もうちの蔵に身を寄せてね。学校も休みで、他に子どもたちもいたから面白かったな。

とはいえ、戦後の物資不足のところに起きたから市民の生活は大変だった。ララ物資（北米の民間団体や中南米の日系人が戦後日本に提供した物資）とか、さまざまな救援物資が届けられたそうです。

当時通っていた渟城第二小学校（現渟城西小）が避難所で、物資の受け取り場所にも

小学５年のころ、野球部のメンバーと（左）

なっていました。ある日、親に言われて物資を受け取りに行ったことがあります。バッグなんてないから風呂敷を広げて、もらった物をどんどん入れた。それを背負って歩いていたら、だんだん背中が熱くなってきたんだ。

通りがかりの人に「あんちゃん、火が出てきたよ」と声をかけられて、初めて背中の風呂敷が燃えているのが分かりました。どうやら中に入れたマッチがこすれて発火したらしい。まるで「かちかち山」だよね。風呂敷の焼けた穴からリンゴからしょうゆから、もらったばかりの物資が道路の上に散らばって……。今は笑い話だけど、あの時は泣きながら拾って帰ったな。まだ小学二年生だったものね。

中学校の卒業を間近にした三十一（一九五六）年にも大火がありました。燃えていた場所は家から離れていたので様子を見に行くと、逃げ惑う人たちで大混乱だった。家からたんすや畳を持ち出そうとしている人もいて、その手伝いをした記憶があります。

母が奮闘、一家支える

わが家は今の能代市万町で戦前から商売をしていて、呉服とか荒物とかいろいろ扱っていました。でも実際にやっていたのは専らおふくろでね。父は結核で、私が物心ついた頃からずっと病気で伏せっていました。

戦後の物不足の時期だったけど、おふくろは父に栄養をつけさせるために一生懸命になってバターだとか、卵だとか用意していた。当時はぜいたくなものばかりで、バナナもあったな。ある日父に手招きされて近くに行ったら、枕元にあったバナナをもらいました。父と一緒の家で暮らしたのはほんの数年で、話をすることもほとんどなかった。でも父もいろいろ思いはあったんでしょうね。能代大火の翌年の昭和二十五（一九五〇）年、父は五十歳で亡くなりました。

大火の頃から、わが家の商売はますます成り立たなくなったようです。父が亡くなって一人になったおふくろは、五人の子どもを抱えていろいろ考えたんだと思う。新しく食堂を始めたんです。○に伊と書く屋号はそのまま残して「まるい食堂」。安くておいしいものをということで、食堂ではラーメンを出していました。私も手伝ったんですよ。豚骨に鶏がら、それから煮干しと昆布でだしを取ったスープは最高だったなあ。

ラーメンは人気が出て食堂ははやったんですよ。出前も多くて私たちも手伝わされました。岡持ちを持って自転車で米代川の向こうに行ったり、いろんな職場に届けたり。家族一緒に夕食なんてほとんどなくて、みんなそろうのは正月ぐらいだったな。

商家生まれの母は、本当に気丈な人だった。店に出ずっぱりで休む暇ないから、六

左が母キミ。隣は長女の八千代。後列左から次男輝夫、長男忠夫、三男紀久夫、四男征夫

歳上の長女が母親代わりでした。とはいえ彼女も学校があるから、ずっと面倒を見てくれるわけでもない。でも母子家庭で難儀しているって見られるのも悔しくて、子ども心に負けてなるものかって思っていました。

強豪校で野球に夢中

子どもの頃はあまり背が伸びなかったけど、運動神経は良かったんですよ。特に野球が好きでね。小学校、中学校と夢中になってやりました。試合や大会があると、六歳上の姉や、母も忙しい合間を縫って見に来てくれたりするので、それも楽しみだったんだ。

中学校は能代第一中学校で、昭和二十八（一九五三）年に入学しました。野球が強くて、私が小学生だった二十四年と二十五年に全県少年野球大会で優勝していたんです。いざ入部すると同級生にすごい選手がいっぱいいてね。特にピッチャーだった谷内弘。彼の活躍もあって二年生の時は四年ぶりに全県優勝したんですよ。

優勝校は次の年、地区予選なしで全県大会に出場できた。私はなかなか正選手になれなかったけど、三年の時にようやくライトの八番で出られることに。下馬評で、能代一中は前年に続いて全県優勝するだろうって言われていたから、意気揚々と大会が開かれる秋田市にやってきたんです。

能代高１年の頃、自宅近くの能代橋で（中央）

一回戦で当たったのは地元の土崎中。谷内と相手チームの投手が好投してなかなか点が取れなかった。それが三回に一点取られてそのまま〇―一で負けたんです。一回戦敗退があまりにショックで、その年どこが優勝したか覚えていない。

後で分かったことだけど、土崎中には同い年の妻の津紀子が通っていました。この時から縁があったのかなあ。土崎中はこの年、準優勝したそうです。

さて大会が終わると、進路を考えなくてはならなくなった。母は店を継いでほしいという思いがあって、商業を学べる学校に行ってもらいたかったようですが、九歳上の長兄が「高校でじっくり将来を考えればいい」と能代高校を推したんです。選手として芽が出なかったこともあって野球はもういいかなと思っていたので、「高校は勉強しよう」と兄の勧めに従うことにしました。

兄が愛した風の松原

能代高校への進学を勧めた長兄は忠夫といいます。九つ離れているから父親代わりでした。兄も能代高でね。卒業後は、造林を学ぶために東京農工大学に入りました。父が亡くなる前に「これからは林業が秋田の産業になる」って勧めたらしい。

大学卒業後、兄は秋田営林局（現東北森林管理局）に入り、私が中学生の頃は故郷の能代営林署（現米代西部森林管理署）に配属されました。米代川河口に「風の松原」という松林があるでしょ。海岸には飛んでくる砂を防ぐために江戸時代からクロマツが植えられてきたんですが、風の松原も含め大部分が国有林なんですよ。兄はその近くにあった事務所にいました。

通っていた能代第一中学校からも近かったから、おふくろに言われて兄に弁当や届け物したりしてよく行ったなあ。今はいろいろ茂ってるけれど、当時は本当にきれいな白砂青松でね。砂地は歩くのも大変だから、野球部の練習の時はよく監督に「走ってこ

父親代わりだった長兄の忠夫（右）と

い！」って言われて鍛えられました。

後に兄は秋田を離れて、茨城県の林業試験場に勤務しました。専門は土壌学で、樹勢の衰えた樹木や林の調査などに取り組んだそうです。その関係で声をかけられたのか、静岡大学に移り、最終的に農学部の教授になりました。

退官してからは茨城で自分の研究を続けていたけど、やっぱり故郷に思いがあったのかな。風の松原をはじめクロマツ林が危機に陥っているって動き始めたんですよ。松くい虫被害もそうだけど、何より兄は広葉樹が広がっていることが深刻だと言っていました。

広葉樹が増えると土壌の状態が変わり、ク

ロマツが衰弱する要因になるんだそうです。風の松原を守るために、茨城から能代に来て講演したり、地元紙で連載したり、いろいろやったな。兄には能代はクロマツ林に守られてきたって、強い思いがあったようです。

甲子園目指し猛練習

昭和三十一(一九五六)年、能代高校に入りました。能代第一中学校で一緒に野球をやってたメンバーの多くも能代高に進み、野球部に入った。でも私は中学の時に芽が出なくて、高校では野球はやらないって決めていたんだ。その代わり勉強するどって思ったんだけど、なかなか身が入らない。毎日もんもんと過ごしていました。

一年の終わりごろかな。野球部の友達が練習後に家に誘いに来るようになった。「きんちゃん、一緒に野球やるべ」って。何回も来てくれるもんだから、とうとう「よし、やるべ」って入部することにしたんです。

中学のころは背も小さかったけど、高校に入ってからぐーんと伸びてね。春からやっているみんなに負けないように頑張って、二年の時には正選手になりました。自分に自信が持てるようになってきたけれど、秋田市の強豪高校と試合するとなかなか勝てない。一度、強豪チームの練習に参加したことがあったけど、付いていけなかった。

当時の能代高には専従の指導者がいなくてね。でも一人、すごい人が教えに来たことがあった。後に能代高の野球部監督になる太田久さん。当時は明治大学の野球部員で、夏休みだけ来てくれたんですよ。すごくおっかなくてね。最初はみんなすくんでしまった。でも言われた通りに打つと飛距離が伸びるんだよ。その教えに従って猛練習して、やがて主軸に定着しました。

〈太田久さんは能代市出身。能代高―明大。昭和三十五〜五十五年能代高野球部監督。全国高校野球選手権大会（夏の甲子園）出場に三度導いた。平成二十六（二〇一四）年死去〉

能代高はそれまで一度も夏の甲子園に行ったことがなかったから、みんなでそれを目標にしようと言っていました。二年の時の県大会は一回戦敗退。最後の年は五城目に勝利して一回戦を突破。私もヒットを打ったんです。だけど二回戦で秋田に負けてしまった。

高校時代、修学旅行先の箱根で（左）

準硬式野球で国体へ

　昭和三十三（一九五八）年夏、高校野球県予選の二回戦で能代高が秋田高に敗れて終わると、進路を決めねばならない時期になっていました。大学進学を勧める長兄との約束で進学組にいたが、女手一つで五人きょうだいを育てたおふくろに、これ以上苦労させたくないという思いもあった。それで就職も考えてみることにしたんだ。

　学校に来た求人に秋田相互銀行（旧秋田あけぼの銀、現北都銀）があった。ここは社会人野球が強かったんですよ。高校最後の大会で負けたのが悔しくて、まだ野球をやりたいって思いがあった。学校から推薦をもらって試験と面接を受けました。そしたら合格。三十四年に能代市の実家を出て秋田市にある銀行の寮に移りました。

　入行後はもちろん野球部に入りました。そしたら高校野球で活躍した秋田市の強豪校の選手たちもいたんだよ。高校では負けたけど、中学ではこっちが全県少年野球大会で優勝してる。よし、これからまた競争だって負けん気に火が付いた。

秋田国体の開会式（前列右から２人目）＝昭和 36 年

野球部の中でも長打力はある方で、試合でも活躍したんだよ。覚えているのは、入行した年に行われた全日本軟式野球県予選大会の決勝。一点負けて迎えた最終回、無死一塁で代打で出たんだ。セオリー通りならバントだけど、監督が狙っていけと言ってくれた。狙い球が来たので思い切り打ったらバックスクリーンに入る本塁打で逆転。あれは劇的だったなあ。

準硬式の大会にも出た。準硬式では硬式より軟らかいボールを使うけど、用具とかルールは硬式と同じ。三十四年と三十五年の東日本準硬式野球大会は相互銀行が県代表として出場しました。

三十五年の熊本国体も準硬式野球の県代表は相互銀行でした。結果は三位入賞。翌年の秋田国体にも出場したが、こちらは入賞できなかったな。それでも小学校から野球を始めて十年以上、やっと自分も花が開いてきたなあという思いがしました。

妻・津紀子との出会い、「土崎空襲」との出会い

労組の執行部に参加

昭和三十六（一九六一）年の秋田国体が終わって間もなく、入院することになりました。ずっと食欲がなくて、いろいろ調べたら遊走腎だと分かった。腎臓が正しい位置から下がる病気で、食欲がなくなり、腰に強い痛みが出てくるんです。茨城県にいる長兄に連絡したら、病院を紹介するから来いと。それであちらの病院に入院し、手術を受けました。病院のベッドの上で、いろいろ考えたなあ。秋田相互銀行の野球部に入って、県代表として二度国体に出場し、活躍もした。だがすっかり体が衰えてしまって、スポーツ人生は終わったなと。そうしてぼんやりしていた時、勤め先で労働組合が結成されたことを知ったんです。

あの時代はまだまだ労働環境が未整備でね。男女の賃金格差とか長時間労働とか、どこでも問題を抱えていたんです。県内の金融機関でも組合の結成が相次いでいて、私の勤め先でも仲間たちが立ち上がった。これはみんなのためになることだ、素晴らしいことだと大いに賛同しました。

結成されたのは十二月で、自分はまだベッドの上だったけれども、何かせねばねって気持ちが高まって、手当たり次第に本を読み始めました。この時に読書の習慣がついたね。大学に行かなかったけど、本を読むことで仕事しながら勉強ができるって好きになったんだな。

ところが翌年四月に別の組合が結成された。先にできた方を第一組合、新しい方を第二組合と呼んだけれども、あっという間に第一が少数組合になった。私が入ったのは第一。執行部にも入り、経営者側と転勤を巡る裁判で争うこともありました。

風当たりもあったけど、支えてくれる人もい

勤め先の秋田相互銀行で＝昭和40年ごろ

た。秋田文化出版の経営者で詩人の吉田朗《ろう》さんは、集金で訪れると「働く人のために活動するのは大事なことだよ」と励ましてくれた。私に道を示してくれた一人です。

共働き支えた保育園

秋田相互銀行の労働組合で活動していた頃、労組の文化運動が盛んでした。県内の金融機関労組は横のつながりがあって、一緒にサークル活動していたんです。そこで妻の津紀子と出会いました。

彼女は「うたごえ運動」に熱心だったな。声楽家の関鑑子《あきこ》さんが始めた運動で、歌を通してつながろうと全国の職場でサークルがつくられ、すごく活発だったんだよ。私はスポーツ一辺倒だったのに、歌とか演劇とかにも顔を出していたんだ。

津紀子は国民金融公庫（現日本政策金融公庫）に勤めていて、同僚には中央から来た人たちもいる。そのせいか、あか抜けて見えて年上だと思っていた。付き合い始めて同じ昭和十五（一九四〇）年生まれで、私の方が一カ月上だと知りました。

結婚式は四十二（一九六七）年十月二十二日、秋田市の産業会館で挙げました。二階のレストランを借りて会費制でね。物のない時代で、津紀子は私の姉が使ったベールを

金融機関労組が参加する文化運動で知り合った津紀子と結婚＝昭和42年

借りたりしたそうです。仲間たちが会場設営など手作りで祝ってくれました。

三年後、長女が生まれたのをきっかけに「こばと共同保育園」（現こばと保育園）の近くに引っ越しました。元行員の女性たちが、同じように働く女性たちが仕事を続けられるようにと立ち上げたところで、利用する父母たちも運営に参加していました。

勤め先で融資の担当をしていた津紀子は残業や出張も多かった。迎えの時間が近づくと、津紀子の職場からこっちの職場に「残業になった」と電話がかかってくる。それで私が迎えに行って子どもの面倒を見て、津紀子が帰ってくるとバトンタッチして仕事に戻る。手が回らなくて土崎にいる津紀子の母に応援を頼むこともあったな。

女性が働くということは大変だけど、それに負けずに闘ってほしいという思いがあります。そのためには男も理解するだけじゃなく、行動で示さないとね。

真っ赤な空が見えた

七十九年前の十二月十四日、土崎空襲がありました。日石を目標に、米軍の爆撃機が一万二千発を超える爆弾を落として多くの人が犠牲になりました。妻の津紀子はその当時を知る一人です。今回は彼女の話をお伝えします。

〈伊藤津紀子さんは昭和十五（一九四〇）年生まれ。旧姓大野。空襲時は四歳で、曽祖父、祖父母、父母、姉、弟、叔父と住んでいた〉

空襲の前日の十三日、下新城中野にある父の実家に疎開していた私（津紀子）と弟は、母と一緒に土崎の家に帰ってきました。三歳上の姉だけは疎開先に残りましたが、お盆を家族で過ごそうということだったようです。

この次の日の晩、寝ていた私は「空襲だ」と言って家族に起こされました。祖父に抱かれて裏口から家を出た時、真っ赤に染まった空が見えたんです。あれは爆撃で燃え上がった日石だったと思う。四歳でほとんど覚えていないんだけど、それだけは記憶に残っています。

すぐ隣の畑につくった防空壕に入ったら、祖母が「駄目だ、駄目だ。ここにいると死んでしまう」と言ったらしいのね。それで身支度して高清水の丘に逃げることにしたんです。私と母と弟、曽祖父、そして近所に住む女の子二人も。父と叔父は勤め先の国鉄土崎工場に向かいました。祖父母も別の道から高清水へ逃げたそうです。

今の新国道を歩いて高清水を目指しました。街灯も何もない真っ暗闇なのに、照明弾が落とされる時だけすごく明るくなるの。そのた

土崎小3年の頃の津紀子さん（後列左から3人目）。空襲で父を失った同級生もいた

びに見つかってはいけないと道路沿いの家のひさしに隠れるんです。頭の上では爆撃機がゴーッと旋回する音が聞こえてきました。

高清水の丘の辺りでは私たち以外の人も逃げてきていました。母の話だと高射砲があって、兵隊もいたらしい。だけど反撃することはありませんでした。

家は木っ端みじんに

〈引き続き津紀子さんが語る〉

昭和二十（一九四五）年八月十四日の土崎空襲に遭った私たち家族は、護国神社（秋田市寺内）近くの高清水の丘で一晩明かし、明るくなってから上酒田町《かみさかたまち》（現土崎港西）の家に向かいました。家に着いたら人が大勢いてね。空襲で様子を見に来た人たちだった。別の道から高清水に逃げていた祖父母も戻っていて、爆撃で木っ端みじんになった家の前に立っていました。

爆撃の目標は日石でしたが、港の雄物川右岸にあった造船所も攻撃を受け、近くの私の町内や隣の新城町《しんじょうまち》も大きな被害を受けました。私の家があった場所には大きな穴が二つ開いていて、木くずが積み重なっているほかは何もなかった。裏の小屋だけは残りました。

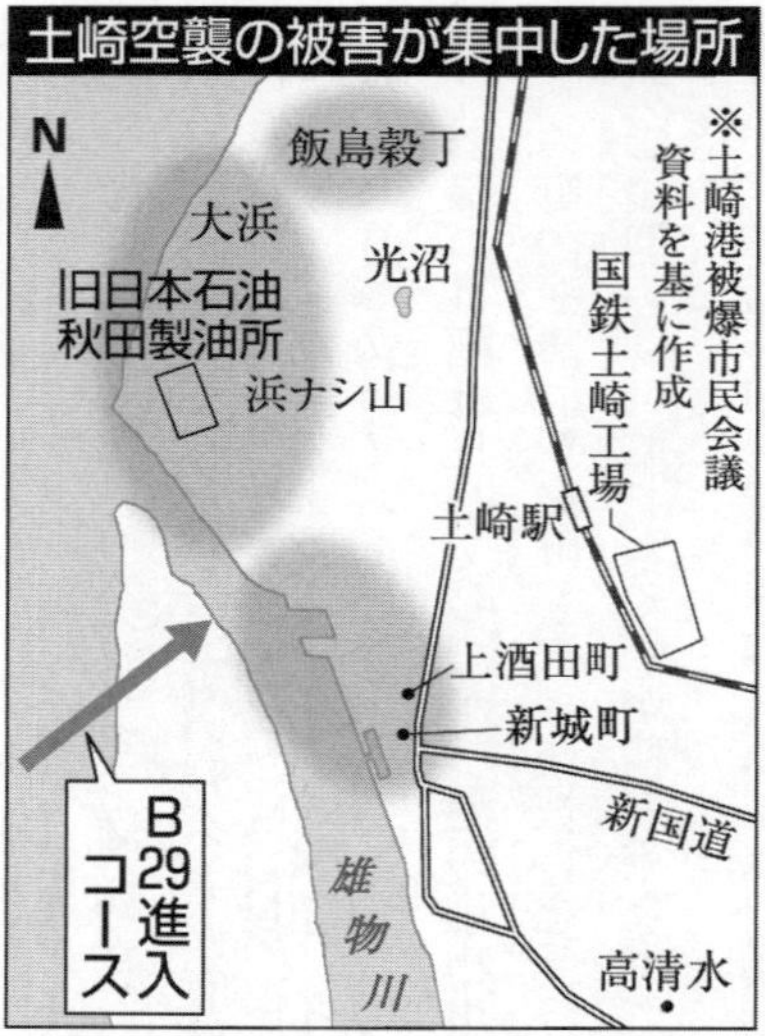

攻撃は二度にわたって行われました。最初は午後十時半ごろ、照明弾で辺りが明るくなったところで日石に爆弾が落とされました。家から出る時に見た朱色の火事のような光景がそれだったと思う。そして約四十分後の二回目の攻撃の時、家が直撃されたようです。

うちの家族はみんな高清水へ逃げたけれど、防空壕にいた隣のお父さんは頭に爆弾の破片が刺さって亡くなったとか、後ろの家の人は浜の方へ逃げた時に直撃を受けたとか、そんな話を後で聞かされました。この辺りでは二十二人が犠牲になったそうです。このうち八人は、赤ちゃんから小学生までの子どもでした。

〈「秋田県警察史」によると、十四日午後十時三十四分に警戒警報、同三十八分に空襲警報が発令された。米軍機による第一波の空襲から約四十分後、第二波の本格的な爆撃が行われた。米軍機は翌日二時三十六分ごろ県中央部上空を通過し、宮城・山形両県境を経て退去した〉

建物も人も凄惨な姿

土崎空襲の目標になった日本石油秋田製油所には、空襲で亡くなった職員二十四人の名前を刻んだ「殉職碑」があります。土崎に十二カ所ある空襲の慰霊碑の中でも、最も早い昭和二十二（一九四七）年に建てられました。

〈旧日本石油秋田製油所発行の「復興史」によると、二十年八月十四日午後十時二十五分ごろ、米軍Ｂ29爆撃機が西南上空から侵入、一発目で事務所や守衛室などの建物が倒壊。二、三発目で松根油に引火し、原油タンク付近からも火の手が上がった。第一弾から三十分ほどして本格的な爆撃が始まり「構内は灼熱《しゃくねつ》のるつぼと化した」と記している〉

日石が燃え上がる様子は、当時私が住んでいた能代市からも見えるぐらいだった。実際に土崎にいた人は、舞い上がるドラム缶を見たり、「ドーン！」という爆発音を聞いたりしたそうです。

当時の証言によると、爆撃は第一波と第二波がありました。第一波は日石への爆撃で、

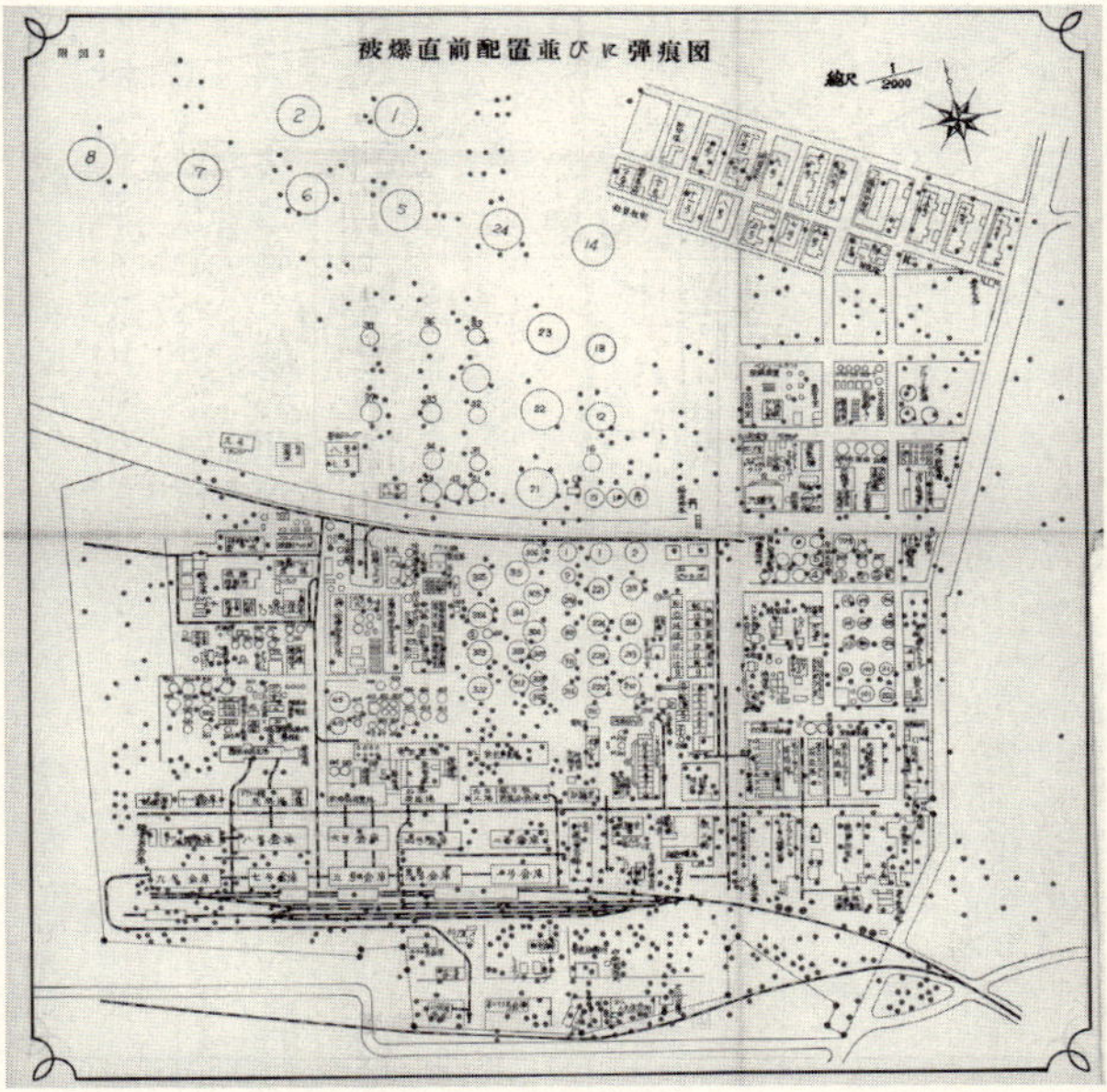

土崎空襲前の日石構内の状況と、爆弾が落とされた場所（点が打たれている）を示す図＝昭和 28 年刊行の「復興史」より

施設や工場が破壊された。構内には職員だけじゃなく、警備していた軍人もいて、首と体が別々になったり、焼死した人のポケットから見つかった印鑑で身元を確認したりと、凄惨《せいさん》な状況だったといいます。

約四十分の中断の後に始まった第二波では、日石の周辺にも及んだ。日石の社宅も爆撃され、防空壕にいた職員の家族など二十四人が亡くなりました。土崎港被爆市民会議がまとめた体験者の証言集には、爆弾の直撃で「家族が粉々に飛び散っていた」という証言も載っています。

二度にわたる爆撃で、日石の構内はそれこそ隙間がないぐらい爆弾を落とされた。また第一波と第二波の間が空いたことで、救助に駆けつけた警防団や兵隊が巻き込まれました。米軍は日石を消し去るぐらい徹底的な爆撃を行ったんです。

小さな体、破片が貫く

土崎空襲の目標になった日石の周辺（秋田市土崎港相染《そうぜん》町）に、浜ナシ山という広い砂地の土地がありました。戦後に開発され、今は住宅地になっています。

住宅地の一角に、土崎空襲の犠牲者を追悼する慰霊碑があります。ある町内会が昭和四十（一九六五）年に建立したもので、高射砲の台座だった八角形の石の上に立っています。戦時中、日石付近には高射砲隊などが配備され、爆撃で多くの戦死者が出た。町内の人たちが、市民と一緒に兵士も慰霊しようとこの台座を持ってきたそうです。

建立時は空襲から二十年たち、爆撃された所も復興が進んで町の様子は戦時中とは全然変わっていたと思う。でも亡くなった人たちの話はまだまだ地域の中に強く残っていたんだろうな。

妻の津紀子の生家で、今私たちが住んでいる家の近くにも、このころに建てられた慰霊碑があります。土崎に進出してきた会社が四十二年に建立した「被爆者供養之塔」（土崎港西）です。前にも話したけれど、この辺りに落とされた爆弾で二十二人が亡くなっています。

その中の一人が、当時小学校六年生だった岩間久平君。お母さんとお姉さんと三人で逃げる途中、近くに落ちた爆弾の破片が久平君の脇の下に刺さったんだ。お母さんによると「学校の先生になんぼだか血が出たら駄目だって言われた。もう出たから駄目だ」って言って亡くなったそうです。

その時久平君が着ていた学童服を、後でお母さんが土崎港被爆市民会議に託してくれました。津紀子に「子どもたちに見せてやってほしい」と言っていたらしい。

間近で見る学童服は本当に小さくてね。脇腹から入った爆弾の破片が体を貫通して肩から抜けた

岩間久平君の学童服＝秋田市土崎みなと歴史伝承館

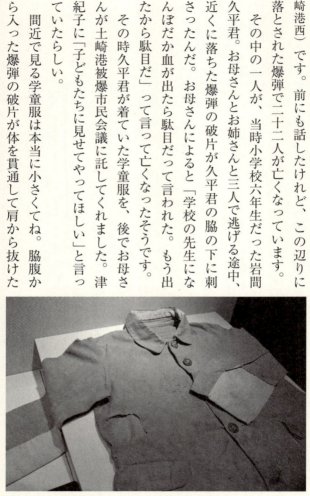

ため、学童服にはその穴が開いている。お母さんに頼まれた通り、土崎空襲の話をする時は今の子どもたちに見てもらうようにしています。

後悔胸に供養続ける

光沼《ひかりぬま》を知っていますか。今は光沼近隣公園（秋田市土崎港）になって当時の面影はないけれど、ここも土崎空襲の犠牲者が多かった場所です。当時、空襲の目標になった日石から光沼へ農道が真っすぐ延びていました。命からがら逃げてきて、ここで息絶えた人が大勢いたんです。

土崎港被爆市民会議はこの公園に平成二十三（二〇一一）年、慰霊碑を建立しました。この時、ある女性が光沼で個人的に慰霊を続けてきたことを妻の津紀子に教えてくれたんだ。私も初めて聞く話で驚きました。

空襲時、学生だった女性は、家の前の道路をたくさんの人が逃げてくるのを目撃したそうです。その中に赤ちゃんをおぶった若いお母さんがいた。そして女性に「ここで休ませてもらえないか」と頼んできたそうです。

ところが、よく見ると赤ちゃんはもう死んでいたんです。ここで休ませたら、お母さ

土崎空襲の際、多くの人が逃げてきた光沼＝秋田市土崎港相染町

んは赤ちゃんが亡くなっていることに気付いてしまう。その姿を見るのは耐えられなかったんだな。「もう少し先に行けば林があるから、そこの方が涼しい」と言ってしまったんだそうだ。

この時のことをずっと後悔していたようだね。「なして自分の所で休ませてやらなかったんだろう、お母さんは一人でどれほど悲しんだろう」って。女性の家では戦後、光沼を埋め立てた土地の一部を購入したので、そこに石を置いて拝んでいたそうです。四国の霊場巡りをした時は、その親子のことを念じながら回ったとも言っていました。五十年以上前の出来事を忘れられないまま、ひっそりと手を合わせていたんだな。

土崎空襲の犠牲者は、市民や軍人・軍属合わせて二百五十人以上と言われています。だけど残された家族やその死に立ち会った人たちも心に傷を負ったんだ。見えない傷だけど、長い間苦しい思いをしてきた人はたくさんいるんだよ。

戦後三十年で追悼式典

土崎港被爆市民会議は毎年八月十四日、土崎空襲の犠牲者を追悼する式典を開催しています。今年もセリオンプラザ（秋田市土崎港）で行いました。

最初の式典は昭和五十（一九七五）年。戦後三十年に当たるということで、地域を挙げて犠牲者を慰霊しようという声が上がったんです。土崎地区の労働組合や婦人会、仏教会などが参加して「土崎港被爆三十周年記念市民会議」をつくり、土崎小学校のグラウンドで開催しました。式典に合わせて盆踊りとか灯籠流しとか、さまざまな催しがあったな。

式典後の報告会で、今後も慰霊を続けようという声が多く出たんだ。それで組織を土崎港被爆市民会議と改称し、慰霊行事のほか、慰霊碑の建立や平和館の建設などを目指して活動していくことを決めました。

私は式典と総会と両方出席しました。能代市出身で土崎空襲は体験していないけれど、

土崎小で行われた土崎空襲の第1回追悼式典＝昭和50年8月

妻の津紀子の実家にも爆弾を落とされたと聞いてから土崎空襲に関心があったんだ。

初代の会長は海禅寺（秋田市土崎港）の住職・藤田渓山さん。文化人で、法話もすごく上手でね。土崎では有名な人だった。

〈藤田渓山氏は明治三十六（一九〇三）年生まれ。僧職の傍ら演劇や郷土芸能の育成や文筆活動に取り組んだ。県文化功労者。昭和五十九（一九八四）年死去〉

二代目会長は舛屋薬局の社長さんだった加藤助吉さん。三代目が旧料亭「池鯉亭《ちりてい》」の経営者だった越中谷太郎さん。越中谷さんは戦時中、土崎警防団の副団長として、土崎空襲では実際に指揮を執っていたんですよ。

四代目は、一代目から三代目の会長の下で長く事務局長を務めた高橋茂さん。そして令和三（二〇二一）年からは私が五代目を務めています。

発足時期に比べれば、会員の人数も少なくなって年代も高くなったな。だけど、式典だけは絶対続けていかねばと思っています。

土崎が「地元」に

銀行から病院へ転職

土崎空襲で妻の津紀子の家に爆弾が落とされたことは結婚して数年後に知りました。たぶん、津紀子の実家で義理の両親たちと同居を始めた昭和四十七（一九七二）年ごろだと思う。こんな身近な場所で市民が犠牲になったとは大変なことだと思って、土崎港被爆市民会議に参加しました。だが転職したりなんだりで急に忙しくなってしまった。

転職は本当に思いがけないことでした。土崎に移る少し前だと思うけど、中通病院〈現中通総合病院〉から連絡があって「病院運営に力を貸してほしい」と誘われたんだ。なぜ秋田相互銀行に勤めている私の名前が挙がったのか不思議だったので、話を聞くことにしました。

〈中通総合病院は昭和三十年、中通診療所として開院。三十二年に中通病院と改称。平成六（一九九四）年から中通総合病院〉

中通病院は、患者の立場に立って高い水準の医療を貧富の差なく提供することを目

転職前、労働組合の会合であいさつ＝昭和 45 年ごろ

指していた。「世のため人のため」という考え方は、自分が目指しているところと共通するなと思いました。

しかし今の職場には、少数労組で一緒に頑張ってきた仲間たちもいる。そこから抜けるのは仲間を裏切ることじゃないかっていう思いがあって「自分では無理です」と言って断ったんです。ところが次の年、中通病院からまた「来ないか」って誘われたんだよ。いろいろ考えたけれど、そこまで評価してくれるのなら応えねばねと腹を決めました。

昭和四十九年に中通病院に入ると、総務部次長として経営者側の秘書のように動くことになった。前職では労組の執行部にいたから戸惑った。でも目指す病院をつくるには労使が対立しないで同じ方向を見たい。普段から医局、看護師、技師など、院内のいろいろな部署を回って話をしました。おかげで業務全般を見渡せるようになったし、人のつながりもできた。いろいろ勉強させてもらったよ。

同居で子育てが一変

結婚のあいさつで初めて行った妻の津紀子の実家は昔の商家みたいに間口が狭く、奥行きがある造りでした。昭和二十（一九四五）年の土崎空襲で木っ端みじんになった二年後に建て替えたそうです。家の真ん中に囲炉裏《いろり》が切られた居間があって、正面のあるじの席には「大きいおばあちゃん」と呼ばれる津紀子の祖母が座っていました。

津紀子が生まれた大野家は、娘が家を継いできたそうです。結婚する時、大野家からうちの母に私を婿養子にしないかと打診したらしい。後で聞いてびっくりした。だけど、母はそれは駄目だと断ったんだそうです。伊藤家も母が跡取り娘で父が婿養子だったから、いろいろ思うことがあったのかな。

四十七年からこの家に住むようになって一番変わったのは子どもへの関わりかもしれない。私は中通病院、津紀子は国民金融公庫（現日本政策金融公庫）に勤めていて、お互い残業や出張が多かったんです。同居前は長女を保育所に預けたりしてたのが、こっち

長男と妻の津紀子＝昭和 48 年ごろ

に来てからは大きいおばあちゃんと津紀子の母がいる。同居の翌年に長男が生まれ、長女と一緒に面倒を見てくれました。

長男が三歳になった頃、横手に単身赴任することになりました。中通病院が運営を支援している診療所で、事務長として経営を立て直すのが役目。もう忙しくてね。一軒家を借りてもらったども、自炊する時間はないから、食事はほぼ外食。土曜日のお昼に土崎に帰って、月曜日の朝に横手に戻る。こんな生活が二年近く続きました。

今思うと、長男は遊びたい盛りだったよなあ。なのに構ってやれなくて。後になって長男にそのことを言われてさ。私自身、病身の父と忙しい母の元で孤独な子ども時代を過ごしたためか、家族のふれあいに疎いところがあったのかもしれない。せめて父親としてできることは年いってからもやろうと思っています。

除雪要員で往診同伴

中通病院から事務長として派遣されたのは、横手市前郷にあった横手診療所です。昭和五十年代の初めごろだったと記憶していています。

理事長はプロレタリア作家の鈴木清さん（一九〇七〜九三年）。旭村（現横手市）生まれで、戦前は東京などで社会主義活動や作家活動をしていました。戦後は古里で村長を務めた後、県議にもなったな。診療所は鈴木さんが地域のために、先頭に立って設立したそうです。

戦後、立場が弱い人たちを受け入れる民主的な医療機関が各地に設立されました。その全国組織として昭和二十八（一九五三）年に結成されたのが全日本民主医療機関連合会（民医連）。横手診療所も中通病院も民医連の仲間だったんだ。

だけど横手に派遣された当時は、どこの医療機関も医師不足に悩まされていてね。横手診療所も医師がなかなか定着しなかったんです。それで同じ民医連の中通病院から医師たちがローテーションで派遣され、診療にあたっていたんだよ。慣れない地域で大変だったと思うけど、中通病院の医師たちは本当によくやっていました。

事務方の私は、診療所の管理のほか、医師たちのサポートもしました。冬に往診する時は、私もスコップを持って一緒に行くんだ。患者さんの家に着いたら、真っ先に降りて雪を寄せるためにね。

横手市にあった診療所前で（後列左端）

医師たちと一緒に頑張ったけど状況はなかなか改善されず、結局、私が横手に行った次の年に横手診療所は閉めることになりました。閉鎖事務を進めたが、立て直すために来たのに……と苦い思いがあったな。

横手から秋田に戻ると、今度は民医連の県組織（秋田県民主医療機関連合会）の事務局長に。会議で東京や大阪に行ったりと出張が多かったですね。労使を超えてさまざまな人と知り合って、医療をどうしていくべきかを語り合ったのはすごく大きなことでした。

慰霊碑に思いを託す

昭和五十（一九七五）年の設立と同時に土崎港被爆市民会議に参加したものの、その後は横手に単身赴任したりしてあまり活動に参加できませんでした。でも今振り返るとこの時期の市民会議の活動はすごかった。空襲を体験した地域の先輩方が中心になって、さまざまな事業をしていたんです。

最初の事業は慰霊碑「平和を祈る乙女の像」の建立で、五十四年に除幕式を行いました。市民から三百万円以上の寄付をもらって、秋田大教授の阿部米蔵先生が制作してくれた。ポートタワー・セリオン（秋田市土崎港）そばの港湾公園にあります。

慰霊碑は平成に入ってからは毎年のように建てていたね。「恒久平和の碑」がある土崎南小学校は元の土崎高等女学校で、空襲時は救護所。児童十二人が犠牲になった土崎小には「受難の碑」を建てました。

飯島小には前庭と裏庭に一基ずつ慰霊碑があります。ここは横須賀軍管区武山海兵団の分団が駐屯していた場所でね。日石が爆撃された時、救護に向かったんだが、第二波攻撃を受けて三十人以上が戦死したんです。

前庭にあるのは市民会議と地元の人たちで平成元（一九八九）年に建てたものです。この慰霊碑のことを報道で知った元海軍兵たちが、戦後五十年に合わせてこちらに来てね。自分たちの手で慰霊したいということで裏庭に建ててくれました。

土崎港被爆市民会議が最初に建立した慰霊碑「平和を祈る乙女の像」＝秋田市土崎港

他にも地域住民二十二人が亡くなったかもめ公園、遺体が置かれた土崎市民グラウンドにも慰霊碑がある。市民会議が関係している慰霊碑は全部で九カ所だな。その一つ一つに思いがこもっているんだよ。

土崎空襲を知らなくても慰霊碑を見れば、これは何だろう、なんであるんだろうと想像が広がるし、同じ思いを共有することができる。戦争や空襲の体験を話せる人はいつかはいなくなるけど、ものがあれば代弁してくれる。それが慰霊碑の役割じゃないかな。

土崎の診療所に赴任

昭和五十年代、土崎港被爆市民会議は、地域の先輩たちが中心になって精力的に活動していました。

土崎空襲の犠牲者を追悼する最初の慰霊碑を建立したのを皮切りに、昭和五十六（一九八一）年には絵本『はまなすはみた――土崎空襲のはなし』を出版（秋田文化出版、絶版）。これは空襲を子どもたちに伝えるために作ったものです。

次の年は国連軍縮特別総会に合わせ、事務局長の高橋茂さんたちが、ニューヨークなど世界各地で開かれた反核集会に参加。絵本を英訳したパンフレットを持って行って、土崎空襲のことを訴えたと聞きました。

このころ私は港北中通診療所（秋田市土崎港）の事務長として赴任していました。思わぬ異動だったけど、結婚を縁に土崎はもう自分の地元みたいになっていたし、診療所の運営を采配できる。「よし、いろいろやってみよう」と気持ちを切り替えました。

当時の診療科は内科で、本院の中通病院から派遣されていた。科長を務めるようなベテランの医師が曜日を決めて診療していたから、診療所とはいえ大勢の患者さんが来てかなり忙しかったですよ。山あいの地域や交通事情が悪い地域には往診もしていました。今みたいに家族が気軽に車で病人を送っていけるような時代じゃなかったから、医師たちが出向いて行ったんです。

医師たちが地域のために頑張っているので、私は診療所に愛着を持ってもらうための取り組みに力を入れたんだ。中通病院には、医療活動を支援する「友の会」という組織があります。患者さん

中通病院の仲間と（左端）＝平成２年ごろ

のほか、地域の人たちにも参加してもらうため土崎の町中を一軒一軒回って結構会員を集めたんですよ。

友の会の総会に合わせてレクリエーションを企画したり、医師たちに協力してもらって健康講座を開いたりとみんなで知恵を絞りました。

「生身の言葉」集める

土崎港被爆市民会議の先輩方が出版した『はまなすはみた――土崎空襲のはなし』はすごい反響を呼びました。もともと戦争を知らない子どもたちに、地元で空襲があったことを伝えたいという声を受けて作ったものだが、自分の体験を語りたいという人が続々と出てきたんです。戦後三十年が過ぎて、ようやく口に出せるようになったんだな。

〈『はまなすはみた』は秋田大・県立大名誉教授の佐々木久春さんが文、画家の斎藤昇さんが絵を担当。平成十四(二〇〇二)年には装いを新たにした『新はまなすはみた――語りつぐ土崎空襲』(秋田文化出版)を発行。文は佐々木名誉教授、絵は秋田大名誉教授で画家の佐々木良三さんが担当〉

体験者が健在なうちに話を聞こうと、当時事務局長だった高橋茂さんと、久春先生が中心になって昭和五十八年から証言集作りに取りかかりました。テープレコーダー持参で職場や地域を訪ねて歩いた。空襲で爆弾が落とされたわが家も、近所の人に集まって

証言集の校閲をする佐々木久春名誉教授＝昭和58年

もらって聞き取りの会場になった。妻の母親の話も聞いてくれました。

証言の中からこれまで知られていなかった被災者の存在が明らかになったりして、最終的に証言者は百人以上になったんです。その一つ一つを秋田大学の学生さんたちがテープ起こしして、久春先生が校閲してまとめて……。『証言・土崎空襲』（無明舎出版）という一冊の本にまとまったのは平成四（一九九二）年。ほぼ十年がかりの大変な事業でした。

市民会議の一番の目的は、土崎空襲を風化させないことです。慰霊碑の建立や絵本制作もそのためだけど、証言集は体験者の生身の言葉だから戦争の恐ろしさを伝えてくれる。証言してくれた人たちはいつかいなくなるけれど、文字にしてくれたおかげで次の世代に残していけるんだ。

四十五歳で思わぬ社長に

昭和五十四（一九七九）年に中通病院の港北中通診療所に事務長として赴任してから三、四年後ぐらいだろうか。診療所に医薬分業を導入するのに合わせ、近くに薬局をつくることになりました。その薬局を経営する会社も設立され、その社長にならないかと打診されたんです。

中通病院に転職する前の職場で労働組合活動をやっていた自分がまさか社長とは……。想像もできないことだったので迷ったが、引き受けた。就任したのは四十五歳の時です。新しい試みで患者さんが困ることのないようにと心がけました。いろいろ苦労もあったけど、今はいい経験だったと思います。

六十歳で会社を離れ、「中通病院友の会」の事務局長を三年務めました。友の会は病院の運営を支援する組織で、当時会長を務めたのが高橋茂さん。同じ土崎港被爆市民会議にいる縁でお願いしたんです。そして平成十五（二〇〇三）年に六十三歳で退職する際、

ベルサイユ宮殿で津紀子（右）と＝平成12年

高橋さんも「友の会」の会長職を降り、一緒に市民会議の活動に力を入れることになりました。

出向していた時期も合わせ、中通病院には三十年間世話になりました。休日も仲のいい医師や職員たちとは一緒に旅行に行ったりして、親密な付き合いだったね。特にスキー旅行は毎年のように参加して、子どもたちも連れて行ったんです。小さい頃仕事が忙しくて寂しい思いをさせたから、挽回できればという思いがあったんだね。だけど二人とも、あっという間に大人になってしまった。

妻の津紀子とは共働きだったから、六十歳ぐらいから二人で行動することが増えました。

そう言えば、私が初めて海外旅行に行ったのもこのころだな。フランスとノルウェーです。津紀子が参加している団体の旅行に同伴する形だったけど、二人でパリやオスロの観光地を見て回ったんです。そして私の退職後は、市民会議や趣味の活動で二人で出歩くようになりました。

「市民会議」の火を灯し続ける

事務局三人でつなぐ

土崎港被爆市民会議の専従メンバーとなったのは、退職後の平成十五（二〇〇三）年。このころは、事務局長の高橋茂さんと妻の津紀子の三人が事務局という名の実働部隊でした。

津紀子はこの少し前から市民会議に関わっていた。最初は毎年八月十四日にポートタワー・セリオン（現在はセリオンプラザ、秋田市土崎港）で開催している平和祈念式典の司会とか、高橋さんの手伝いとかで、土崎空襲の体験を話す語り部の活動はまだしていませんでした。

このころ語り部をしていたのは、津紀子と同じく土崎空襲を経験した浅野喜代さん。元教員で市民会議とは別に平和を訴える活動をしていて、学校などで話をされていた。だけど浅野さんが高齢になって、空襲のことを話せる人がいなくなってしまったんだ。それで高橋さんと津紀子が語り部を始めたんです。

土崎空襲の講話を依頼され、津紀子（右）と県内外へ足を運んだ＝平成28年

語り部の依頼は県内だけじゃなくて県外からもあるんですよ。だいたい土崎と同じように空襲被害に遭った所だね。市民会議のような組織もあるんですが、高齢化で活動が停滞しているところも多かった。空襲に関する立派な施設もあるのにもったいないと思ったな。

ただ市民会議も設立から三十年近くたち、組織を引っ張ってきた先輩たちはほとんど引退していた。式典などは会員の人たちが来てくれるから続けてきたが、将来どうなるかという不安はありました。

実は、活動を支えてくれた佐々木久春先生（秋田大・県立大名誉教授）も交えて、続けるか、解散かという話をしたことがあるんだ。だけど解散しても、空襲の犠牲者を慰霊する活動を行政が引き受けてくれるかどうかは分からない。それで話は立ち消えになりました。

私は当時七十代で、まだ若いからやれるっていう思いもあったしね。今振り返るとこの時よくつないだなあ。弱気にならなくて良かったとつくづく思うよ。

民間被害者に救済を

終戦後の記憶に「尋ね人の時間」というのがあります。戦争で消息が分からない人を探すNHKのラジオ番組で、ちょうど学校から帰ったころに放送していたんだ。アナウンサーが「尋ね人の時間です」と言った後、「○○にいた△△さんの消息をご存じの方は『尋ね人』へご連絡ください」という感じで、次から次へと読み上げるんです。

東京の人が多かった気がするなあ……。昭和二十（一九四五）年三月十日の東京大空襲では約十万人が亡くなったと言われているからね。

終戦前夜に行われた土崎空襲では二百五十人以上が犠牲になった。このうち九十六人が地元の人や爆撃の目標になった日石の社員や家族などの民間人。それ以外は日石の警護などに当たっていた軍人や軍属です。太平洋戦争中、各地で行われた空襲の犠牲者は五十万人とも言われています。

ただ空襲で自分や家族が亡くなったり、けがをしたりしたことは同じでも、救済の点

空襲連の会合で土崎空襲について説明＝平成27年、福島市（共同通信提供）

では軍人と民間人では違いがあるんですよ。軍人や軍属は恩給や遺族年金が支払われますが、民間人は原爆など特別な場合を除いて被害者への補償がないんです。

〈空襲被害者の救済を巡っては、旧社会党などが昭和四十八（一九七三）年から計十四回提出した「戦時災害援護法」は与党の反対で廃案。また名古屋、東京、大阪の空襲被害者が国に損害賠償を求めた訴訟はいずれも最高裁で敗訴している〉

民間の空襲被害者の補償を求めようと全国空襲被害者連絡協議会（空襲連）が平成二十二（二〇一〇）年に発足しました。土崎港被爆市民会議も翌年加入し、私も国会前で訴える活動や県外の会合に参加したことがあります。

国会でも超党派の議員連盟（空襲議連）ができて救済に向けて動いています。だが被害者も遺族も高齢化が進んでいて、亡くなる人が増えている。生きているうちの救済を訴える被害者の思いを、多くの人に知ってもらいたいと思います。

震災機に戦死者思う

平成二十三（二〇一一）年の東日本大震災の後、土崎港被爆市民会議に県外からの問い合わせが相次いでありました。最初はその年の秋ごろかな。宮城県亘理町《わたりちょう》に住む男性から「高射砲隊にいた兄が土崎空襲で亡くなったと聞いた。その場所が分からないか」という内容でした。

お兄さんの名前を聞いたら、こちらで把握している空襲戦死者の中に含まれていました。亡くなった詳しい場所は分からなかったが、高射砲隊の犠牲者のために建立された慰霊碑はある。「慰霊碑を見たければ案内しますよ」と言ったら、親戚と数人で土崎に来てくれました。皆さんでビールとかいろいろお供えして、慰霊碑に手を合わせていたな。

これから間もなくだったと思うけど、今度は茨城の人から連絡をもらいました。子どもの頃、父親が日石で亡くなったと聞いていたんだって。その人は戦後生まれで父親の

空襲跡地を巡る人を案内する（右）＝令和元年

顔は知らないんだけど、ずっと気になっていて定年後にいろいろ調べたそうだ。

お父さんの名前が、燃料輸送のため土崎に来ていた陸軍船舶司令部の戦没者の中にあったので、秋田油槽所（現ＥＮＥＯＳ秋田油槽所）の当時の所長さんにつなぎました。私は会わなかったけど、後で礼状が送られてきました。

空襲の犠牲者に関して、県外から問い合わせが来ることなんてまずなかったことです。それも立て続けだったから余計に印象に残ったんだ。直接は聞かなかったけれども、震災をきっかけに、戦死した肉親を慰霊しなければって思ったんじゃないかな。

不幸にして命が中断された人の思いはそこで

終わってしまう。その人のために、残された人は何かしないといけないと思うんですよ。その人を忘れないでいること、思いをつないでいくこと。私も活動をしながら自分でやれることを考えています。まだまだ迷いながらですが。

唯一の戦争遺構解体

平成二十二（二〇一〇）年、長年土崎港被爆市民会議の会長を務めてきた越中谷太郎さんが亡くなりました。その後を継いで四代目の会長になったのは市民会議発足の頃からずっと事務局長だった高橋茂さん。新しい事務局長には私が就きました。二十三年には土崎空襲の被害者が多かった光沼に九基目の慰霊碑を建立。会員は少なくなってきたが、設立当時に目標にしていた事業の一つをやり遂げてホッとしたな。ところがこの翌年、爆弾低気圧で土崎空襲唯一の戦争遺構である被爆倉庫が被害を受け、解体されることになったんです。

〈被爆倉庫は旧日本石油秋田製油所の圧縮機室。鉄筋コンクリート二階建て、延べ床面積約六〇〇平方メートル。昭和二十（一九四五）年八月十四日夜から翌十五日未明にかけてあった土崎空襲で燃え上がり、内部のコンクリート柱の表面が溶け、鉄筋がむき出しとなった。戦後は所有する企業（現ＥＮＥＯＳ秋田油槽所）が倉庫として使用し、後に一般公開されていた〉

秋田市の担当者に被爆倉庫保存の協力を求める文書を渡す＝平成 24 年

解体は倒壊の危険性があるからということでした。だけど戦争遺構というのは、その場所にそのままあるからこそ戦争のむごさを強く訴えることができる。市民会議では解体をしないよう求めましたが、残念ながらかないませんでした。

ところが、思いも寄らない話が出てきました。秋田市が倉庫の一部を移築して資料館を造るというんだ。土崎のお祭りに関する展示も一緒にね。それで地元でワークショップが開かれたりして市民会議も意見を出しました。そうして平成三十年に完成したのが秋田市土崎みなと歴史伝承館です。

被爆倉庫の溶けたコンクリートや爆弾の破片も展示しています。だけど被爆倉庫で感じた生々しさには及ばない。だからこそ講話会などを通して展示に命を吹き込んでいかなきゃいけないと思っているんだ。

子どもの笑顔が薬に

平成二十七（二〇一五）年のことだったかな。その日は土崎空襲の慰霊碑を巡るフィールドワークで小学生を案内するため、地元土崎の小学校に向かっていました。遅れそうだったのでかなり急いでいたら、途中で息苦しくてたまらなくなったんです。少し休むと良くなったので、予定通り案内したんだよ。思えばこれが、心筋梗塞の最初の発作だったんだな。

その後も同じような発作が何回かあったので、妻の津紀子に病院へ行くように強く言われたんだ。以前勤めていた中通総合病院で親しかった医師のクリニックに連絡して検査を受けました。一週間後に医師から連絡が来て「今すぐ処置しないと危ない」と。翌日中通総合病院で精密検査を受けたら心臓の冠動脈三本が詰まっていた。カテーテル手術を受け、退院後も薬で治療を続けました。

ところが五年後にまた発作が起きてしまって……。令和二（二〇二〇）年のことです。

土崎空襲の講話を聞いた小学生とあいさつ（中央）＝令和６年、秋田市土崎みなと歴史伝承館

入院の準備をして病院に着くと、なんとコロナに感染していたことが分かってね。このまま入院はできないというので自宅に戻ろうとタクシーに乗ったんだ。そしたら運転手に「退院おめでとう」と言われてしまった。

自宅療養中も悪化することはなく、手術も順調に終わった。今も薬は服用しています。見た目は頑健そうだけど、二十代のころに腎臓の病気で入院したこともあるし、津紀子には過信しないよう言われています。結婚前、私の健康に不安があるからって母親に反対されたんだって。

確かに疲れやすくなったし、以前のような体じゃないということは分かっているけれど、やりたいこと、やらねばならないことがたくさんあって何かあると動いてしまう。まあ休み休みやるよう気をつけていますが。それに子どもたちが真剣なまなざしで土崎空襲のことを学ぶ姿を見ると勇気百倍、元気が出てくる。それが何よりの薬だね。

市民会議の支柱失う

私が二回目の心筋梗塞を起こした令和二（二〇二〇）年十月、土崎港被爆市民会議に転機が訪れました。事務局長として市民会議を長年支え、四代目の会長を務めていた高橋茂さんが九十歳で亡くなったんです。

コロナ禍だったから葬式はご家族だけで、その翌年、市民会議でしのぶ会を開きました。私より十歳上の高橋さんは、土崎空襲の時は十五歳。秋田市の楢山に住んでいたんだけど、空襲を知っておじさんが住む土崎に駆けつけた。そこで、けがを負った人や、遺体が並べられたお寺の様子を目撃したそうです。

戦後、高橋さんは旧運輸省の秋田港工事事務所に入って、しゅんせつや復興の仕事に携わった。その時に港周辺に不発弾があることを知り、土崎空襲についてもっと知りたいと思ったそうです。職場の仲間や土崎地区の労働組合の人たちに声をかけ、戦後三十年に当たる昭和五十（一九七五）年に市民会議を立ち上げたんだ。

高橋茂さん（前列中央）ら市民会議を支えてきたメンバーと（同右）＝平成28年ごろ

発足後は事務局長として、追悼式典や慰霊碑の建立、証言集と先頭に立ってやってきた。アメリカの公文書館にある米軍資料を手に入れたのも高橋さん。組合活動で知り合った国立国会図書館の労組関係者のつてを使い数年がかりで集めたそうです。おかげで空襲の実態が明らかになった。

平成二十二（二〇一〇）年に三代目会長の越中谷太郎さんが亡くなった後、高橋さんが会長職を引き継ぎました。市民会議は発足以来、高橋さんの世代が引っ張ってきたんだけど、この頃はほとんど引退していてね。私も事務局長として高橋さんを支えていたが、何しろ人手不足で高橋さんも以前と変わらず活動していました。語り部の要請があれば、気軽に引き受けて自転車で出かけたりしていたな。

市民会議の支柱だった高橋さんを失った後、どうやって市民会議を続けていくのか真剣に考えねばなりませんでした。

語り伝えるために

五代目の会長に就任

土崎港被爆市民会議四代目会長の高橋茂さんが亡くなった翌年の令和三（二〇二一）年、五代目会長に就任しました。それまで事務局長をやっていたからということもあるんだけど、佐々木久春先生から、「会長は伊藤君だね」と言われて腹を決めた。空襲体験者の証言集作りなどで、高橋さんとコンビを組んできた佐々木先生には顧問をお願いしました。

会長に就いたのを機に組織も改めることにしました。以前は高橋さんと私、そして妻の津紀子と三人で語り部や慰霊碑を回るフィールドワークの依頼要請に応えていたんだが、会員の高齢化も進んでいる。運営に携わる人を増やしていかないと今後は厳しいと思ったんです。

新体制では、会長を含めた役員五人が事務局で、事業などの中心となって動く。また理事会をつくって理事長を会長代行としました。役員と理事が定期的に会合を開いて事

土崎港被爆市民会議のメンバー＝令和6年8月14日

業計画を練っています。

私から見れば若手の六十代が事務局に入ってくれたのはうれしかったな。退職を機に手伝いたいと言ってくれてね。市民会議のホームページをつくってくれたりしてありがたいです。他にも一般の会員がいて、毎年八月十四日に開催している追悼式典とか大きな事業の時は駆けつけてくれる。みんなボランティアで今は三十人ぐらいいますね。

市民会議は会費を徴収していないので、大きな事業はカンパが頼りです。以前は持ち出しが多かったけど、土崎空襲を伝える秋田市土崎みなと歴史伝承館ができてからは、そこで講演会などを開くと資料代などを出してくれるので助かっています。

間口はなるべく広くして、関心を持ってもらうことが大事だと思っています。主義主張がいろいろあるのは当然のこと。それぞれの立場を守りながら、空襲の犠牲者を慰霊するっていう一点で一致していればいい。

空襲を音楽で伝える

土崎空襲犠牲者の追悼式典（毎年八月十四日）とともに、恒例にしたいと思っている事業があるんですよ。秋田吹奏楽団による「交響組曲『秋田』はまなすの章」の公演です。五回目となる今年（令和六〈二〇二四〉年）も、十一月か十二月に土崎で開催する予定で準備を進めています。

きっかけは六年前。秋田吹奏楽団の音楽監督をしている佐藤正人さんから妻の津紀子に電話があったんです。「楽団の第四十回定期公演で土崎空襲をテーマにした曲を披露するので協力してほしい」ということでした。

リハーサル会場に行くと、演奏に合わせて絵本『新はまなすはみた――語りつぐ土崎空襲』を津紀子に朗読してほしいというんだ。楽団から曲作りを依頼された作曲家の天野正道さんが、語りを入れる構成にしたそうです。それで誰が朗読するかというところで津紀子の名前が挙がった。佐藤さんの親戚と津紀子が同級生だったこともあるけど、

演奏会で絵本を朗読する津紀子＝令和５年10月

一番の理由は空襲の体験者だったからなんだそうです。

公演はリハーサルから一週間後の平成三十（二〇一八）年四月十五日、秋田市文化会館で開かれました。津紀子が自分の体験を交えて絵本を朗読すると、会場からすすり泣く声が聞こえてきた。これはぜひ土崎の人に聴いてもらいたいと思いました。

吹奏楽団の日程に合わせると準備期間はほとんどなかったから、急きょ「公演を成功させる会」を立ち上げた。無料で聞いてもらいたかったので、寄付や広告を集めるため地域を回ったら「ちゃんと見てるよ」「頑張ってるな」って声をかけてもらった。私たちの活動が届いていたんだなって自信になりました。

この年の八月、無事土崎公演を開くことができました。ありがたいことに大好評でね。コロナ禍での中断もあったけど、吹奏楽団も協力してくれて公演を続けている。来年（令和七〈二〇二五〉年）は戦後八十年と市民会議発足五十年。より多くの人に来てもらえるような企画を考えています。

『なれのはて』に感謝

去年の八月、土崎空襲の追悼式典が終わった頃だろうか。講談社の編集者から妻の津紀子に電話があったんです。加藤シゲアキさんという方が小説で土崎空襲のことに触れているので、体験した津紀子から助言がほしいということでした。間もなく原稿の束が送られてきました。

それから半月もしないうちに加藤さん本人が、わが家にやってきたんです。編集者のほか、取材のテレビ局のスタッフも数人いて大変だったな。迎えたのは私と津紀子、そして土崎港被爆市民会議の顧問をしている佐々木久春先生の三人。久春先生も、小説に出てくる秋田弁を確認してほしいと依頼されていたんだそうです。

アイドルグループのメンバーとしか知らなかったが、目の前にいる加藤さんは物静かで真面目な青年という印象でした。さまざまな資料を読み込んでいたようで、こちらから指摘することはなかったですね。お母さんが秋田市出身というので少しその話をした後、車で空襲の目標になった旧日本石油秋田製油所周辺や高射砲の台座がある慰霊碑を案内しました。

秋に加藤さんの新作『なれのはて』が出版され、献本が送られてきました。本を開いてびっくりした。最後の「謝辞」に私と津紀子、久春先生の名前が載っていたんです。それと秋田市の土崎みなと歴史伝承館も。加藤さんはうちに来る前日に伝承館も訪れていました。

だが謝辞以上に本の影響力に驚いた。加藤さんのファンらしき人が伝承館に来てくれたり、秋田の人が「こんな空襲があったなんて初めて知った」と感想を寄せてくれたり。それまで全く接点がなかった人が小説を通して土崎空襲に関心を寄せてくれた。これはすごいことだと思うんですよ。「交響組曲『秋田』はまなすの章」の公演の時にも思ったが、音楽や文学、芸術には平和を訴える力があると改めて実感しました。

津紀子と『なれのはて』を読む

感無量の多喜二祭賞

今年（令和六〈二〇二四〉）二月、うれしいことがあったんですよ。「県多喜二祭賞」に土崎港被爆市民会議が選ばれたんです。土崎空襲を風化させない活動が評価されたそうで、第五十八回県多喜二祭で表彰されました。

県多喜二祭は、プロレタリア作家の小林多喜二（一九〇三〜三三年）の命日（二月二十日）に合わせ、有志でつくる実行委員会が毎年開いています。平和活動に取り組む個人や団体を表彰していて、平成二十四（二〇一二）年には市民会議前会長の高橋茂さんが個人で受賞しました。

多喜二祭賞には個人的に思い入れがあったんですよ。市民会議の活動に専念するようになって二十年になりますが、最初の頃は治安維持法の犠牲者への賠償を求める全国的な活動にも参加していたんです。

〈治安維持法は大正十四（一九二五）年、社会主義運動や労働運動を取り締まるために制定。天

第58回県多喜二祭の表彰式であいさつ

皇を中心とする国家体制などを否定する結社や行動を禁止した。後に民主主義運動や反戦運動にも適用が拡大、昭和三（一九二八）年、最高刑に死刑が導入された。戦後、思想を取り締まった特別高等警察（特高）とともに廃止された〉

多喜二が治安維持法違反で逮捕され、特高の拷問で亡くなったことはよく知られてますが、同じように弾圧されたり、差別されたりした人が大勢いたんですよ。学校の先生とか知識人、宗教者……。秋田でも逮捕されて仕事を失ったり、獄死したりした人がいた。国が認めない意見を言うと弾圧されるから、みんな主義主張を曲げて迎合する。そんな時代にあって意志を貫いた人は本当に立派だと思う。

県組織の事務局長も務めたけど、心筋梗塞の発作を機に一線を退きました。今は市民会議がライフワークです。空襲で無念にも人生が絶たれた人たちの追悼を続けることで戦争のむごさを伝えていく。そして一人でも多くの人が、戦争を起こさないためにはどうしたらいいのか考えてくれるとうれしいね。

曳山まつりで委員長

今年（令和六〈二〇二四〉年）の七月はいつにも増して忙しかった。土崎空襲の追悼式典の準備や学校などからの講話依頼に加えて、土崎港曳山《ひきやま》まつりにわが町内の上酒田町《かみさかたまち》が参加したからね。コロナ禍で中断していたこともあって、六年ぶりの参加だった。

能代生まれの私にとって、夏の祭りというと能代七夕だったんですよ。子どもの頃から見ていたからね。結婚を機に三十三歳で土崎に移り住んだ後も、なんだか荒々しい祭りだなあという印象だった。当時は義理の父がいたこともあって、あまり関わってこなかったんです。

初めて参加したのは平成九（一九九七）年。まつりの会計担当をやってくれと頼まれ、帳簿を付けるぐらいだろうと気軽に引き受けたんですよ。ところがうちの町内は人数が少ないもんだから、本番までの日程を組んだり、役割を振ったりとさまざまな仕事があるというので慌ててしまった。幸い港北中通診療所に勤めていた時の人脈からまつりに

平成 21 年、上酒田町の委員長として参加（中央）

詳しい人を紹介してもらってね。神事や歴史、外題《げだい》（曳山の場面の題名）などまつりに関わることを何でも相談して、私も勉強しました。

それから面白くなってね。上酒田町は住人が少ないから統前町《とうまえまち》（まつり全体を取り仕切る町内）の時だけ参加していたんだが、頻繁にやりたいと思ったんだ。同じ思いだった人が他にも結構いて、積み立てしたりして一年おきに参加するようになりました。子どもの時に参加していれば大人になってもまつりに愛着を持つ。次の世代が育っていくのはうれしいことだね。

平成十三（二〇〇一）年の見返し（曳山の裏面に掲げられる、風刺の効いた句）コンクールでは私が考えた「わが家にも機密費ないかオカアチャン」が最優秀賞になったし、二十一年には町内の委員長も務めた。裏方とか演芸とかで、家族みんな参加しています。私もすっかり土崎衆だな。

最近は年を取ってしまって専ら会所の留守番役。だが息子が今年、委員長を務めたんだ。思い出深いまつりになりました。

語りや遺品から教訓

土崎港被爆市民会議にとって八月は重要な月です。土崎空襲を後世につないでいくためのさまざまな事業があるからね。今年（令和六〈二〇二四〉年）は空襲犠牲者の追悼式典も、例年より注目されていたようでありがたかった。

来年の戦後八十年を前に今年から始めたのが、戦争体験者による講話です。土崎空襲に限らず、話してくれそうな人を探しているんだ。初回となる八月の講話は戦時中、軍隊にいた男性と空襲直後の土崎を目撃した女性にお願いしました。二人とも九十代。大勢の前で話すのは初めてだったけど、自分の思いを率直に話してくれた。体験者の手記や絵本を朗読する活動もあるけれど、やっぱり体験者本人が話すと重みが全然違うんですよ。

講話は年二回ぐらい開いていく予定です。来年戦後八十年ということもあって、これまで語りたがらなかった人も、話しておきたいという気持ちになってきている。そうい

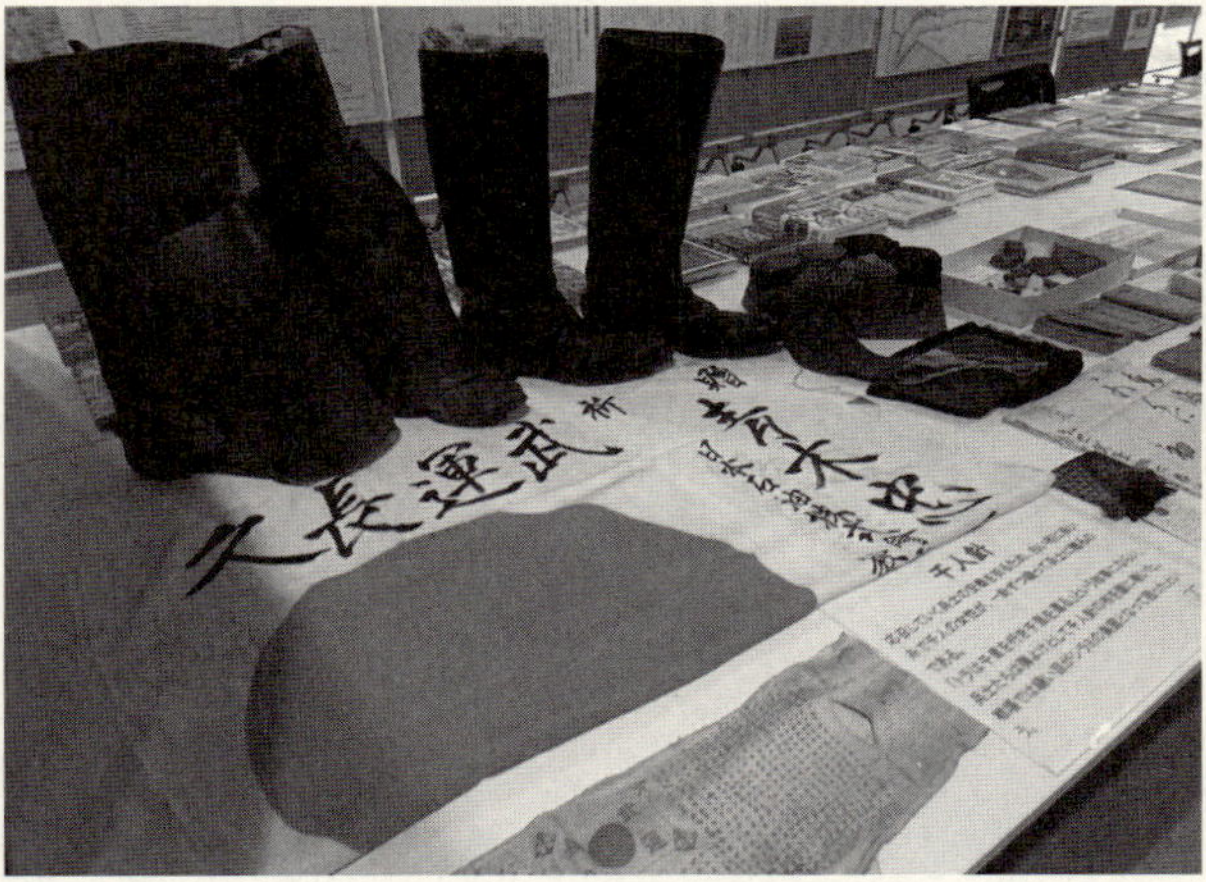

寄贈された遺品などを展示した「戦争と土崎空襲展」＝令和６年８月、土崎みなと歴史伝承館

う人たちを掘り起こして機会を提供することも市民会議の役割。メンバーで話し合って決めました。

それから式典と合わせて開催している土崎空襲展。土崎空襲や太平洋戦争の遺品やパネルを展示しています。以前は空襲で使用された爆弾も展示していて、会場まで運ぶのが大変だったんだよ。戦後、不発弾として見つかったのを爆破処理したものだと前会長の高橋茂さんが言っていました。今は秋田市に寄贈して、土崎みなと歴史伝承館に常設展示されてます。

最近、市民会議に持ち込まれる遺品が増えてきました。戦争体験者本人とかその子どもとかからね。本人は思い入れがあるけれど、子どもたちはそうとは限らない。自治体も受け取らなくなっているから行き場を失っているんだ。だけど戦争を語る人がいて遺品があるからこそ、戦争の教訓を得ることができると思うんですよ。それをどう生かすか。戦後八十年は、このことを考える最後の機会じゃないでしょうか。

米軍資料で詳細判明

土崎空襲の講演や講話の時は、まず空襲についてまとめたＤＶＤを見てもらい、空襲の説明、体験者の語りという構成にしています。空襲の説明は数年前に取り入れました。米軍の作戦報告書などを基に、爆撃を実行した部隊や目的、状況や被害実態などを資料を作って説明しています。

米軍資料は、前会長の高橋茂さんが中心になって集めました。そのおかげで、空襲の内容や前後の状況などがだいぶ分かったんですよ。土崎空襲を実行したのは、第二〇空軍司令部の第三一五爆撃隊という石油基地攻撃に特化した部隊でした。

〈米軍の作戦報告書などによると、昭和二十（一九四五）年八月十四日、グアム基地から土崎に向けて出撃した百三十二機のＢ29爆撃機が、高精度レーダーを用い上空約三〇〇〇メートルから計一万二千四十七発を投下した。攻撃時間は午後十時四十三分～翌日午前二時二十一分。日本側の高射砲による反撃は不正確で、米側の損傷機はなかったとしている〉

土崎空襲を説明する市民会議のメンバー

空襲前に作成された米軍資料には、土崎の航空写真だけじゃなく、空襲の目標だった日石構内の写真もありました。民間からも集めたんだろうね。あらゆる情報を集めた上で作戦を立てた。そして日石以外に、船川港や国鉄土崎工場に対する攻撃作戦があったことも分かりました。

資料から分かることは多いです。とはいえ、頼りすぎるのも良くないと思うんだ。教科書で戦争を学ぶような感じで……。爆弾の数とか、犠牲になった人数とか、それだけでは戦争の悲惨さは伝わらない。でも体験者の「生の言葉」で語られると、数字の陰に大切な命が失われ、一人一人に思いがあったことを実感する。命の尊厳や平和を自分事として考えてもらうには心に訴えることが大事なんですよ。

語り手が少なくなっている現実もあるが、資料を活用しつつできる限り生の言葉で訴え続けたいと思っています。

手を携えて活動継承

八月十四日に開催する土崎空襲の犠牲者を追悼する式典では、主催者あいさつの中で自分の思いを伝えるようにしています。今年（令和六〈二〇二四〉年）はウクライナやガザで依然戦闘が続いていることもあって、平和を願う気持ちを強く出しました。ニュースで戦争のことを見聞きしているせいかな。土崎空襲の講話の後に子どもたちから「戦争をなくすにはどうしたらいいの」という質問を受けることが増えた気がする。私なりの考えはあるけれど「君はどう思う？」と返すようにしています。

戦争に対して問題意識を持つのはとても良いことだ。自分が傷ついたり、相手を傷つけたりするのが戦争。そういうことがあっていいのか、自分の心に問いかけてみてほしい。一人一人が考えを巡らすことで平和につながっていくと信じているんです。

そのためにも戦争の悲惨さを訴えていかないといけない。だが戦争体験者も、戦争の遺品も来年迎える戦後八十年以降は急速に減っていくと思う。この危機をどう乗り越

土崎空襲の追悼式典であいさつ＝令和６年８月14日

えていくかが、大きな課題です。でも私たちのように組織化された団体があれば、細々とでも継承は続けられるんじゃないかと思っているんだ。個人だと、その人がいなくなれば戦争の記憶や思いも一緒に消えてしまう。組織であれば、経験や思いを共有して新たなメンバーにつなげていけるし、実行力もあるからね。

土崎港被爆市民会議が発足して来年で五十年。高齢化で一時は解散を考えたこともあったが、地域の支えで続けてこられた。近年はみんなの頑張りでさまざまな事業を手がけ、思いもかけない人や団体とのつながりもできた。そして若い人たちがアートや音楽、文学で土崎空襲を取り上げてくれたことにも勇気づけられました。空襲を体験した津紀子と結婚したおかげで思わぬ人生を送ることになったが、今とても充実しています。

おわりに

私が生まれた一九四〇年、日本はすでに戦争状態にあった。翌年の一九四一年十二月八日にはアジア太平洋戦争に突入し、それは四五年八月まで続いた。

八月十五日の終戦を境に、国の進むべき道、社会のルール、考え方が百八十度変わった。なにより国の最高法規である「憲法」の主権者が、天皇から国民へと変わった。そして、「時代」も、この日を境目として「戦前」と「戦後」に区別されるようになった。

私は新しい「日本国憲法」のもと、「戦後」を過ごしてきた世代である。一定の年齢に達するや否応なしに徴兵検査を受けねばならず、戦場で命を失う確率が高かった「戦前」とは違う。憲法の前文と第九条に記された「戦争の放棄」「戦力の不保持」「交戦権の否定」のもと、戦争に巻き込まれることなく、誰一人殺すことも、殺されることもない時代を生きてきた。加えて、小学校入学当初から民主教育の恩恵を受け、自由な空気のもと勉学やスポーツに存分に打ち込ませてもらい、育てられてきた世代でもある。もちろん日々の暮らしは決して豊かではなかったが、耐え忍び、困難を克服し、復興する日本と共に歩んできた。

今こうして顧みるに、誰よりも感謝を伝えたいのは母である。夫を早くに亡くし、女手一つで五人の子どもたちを育ててくれた気丈さ。働き詰めで、髪に櫛を入れるのもまれ。束の間の家族団欒すらままならず「コウシテラレネ」と立ち上がり、店に向かう後姿を今でも思い出す。いくら感謝を重ねても足りない思いだ。

大人になり土崎被爆市民会議の活動がライフワークになった。「土崎空襲」の講座では、何をどう伝えればいいのか、もっと工夫しなければ、と真剣な子供たちの顔を想いながら考えて臨んでいる。いましばらく、土崎の地から平和への発信を続けていたいと願っている。

このたび、秋田魁新報のシリーズ連載「時代を語る」の私の回を、一冊にまとめてもらえることになった。連載中に「毎日楽しみに見ているよ」「切り抜いているよ」など仲間や知人からの励ましの声をいただいた。恥ずかしさもあるが、同時代を生きてきた証になればと思う。聞き取り取材を行ってくれた藤原佐知子氏、お世話になった秋田魁新報社のみなさんに御礼申し上げたいと思う。

二〇二五年三月

伊藤紀久夫

おわりに

妻《つま》と語《かた》り伝《つた》える「日本最後《にほんさいご》の土崎空襲《つちざきくうしゅう》」

語　　り　伊藤《いとう》　紀久夫《きくお》
編　　著　秋田《あきた》 魁《さきがけ》 新報社《しんぽうしゃ》
発 行 日　2025 年 4 月 20 日　初　版

発 行 人　佐川　博之
発 行 所　株式会社秋田魁新報社
〒 010-8601 秋田市山王臨海町 1-1
Tel. 018(888)1859
Fax. 018(863)5353

定　　価　880 円（本体 800 円＋税）
印刷・製本　秋田活版印刷株式会社

sp 乱丁・落丁はお取り替えします。
ISBN 978-4-87020-446-1　C0223　¥800E